Trainingsplanung Ausdauertraining. Leistungsdiagnostik, Zielsetzung und Mesozyklus

Jannis Schwierz

Bibliografische Information der Deutschen Nationalbibliothek:

Die Deutsche Nationalbibliothek verzeichnet diese Publikation in der Deutschen Nationalbibliografie; detaillierte bibliografische Daten sind im Internet über http://dnb.d-nb.de abrufbar.

ISBN: 9783346474407
Dieses Buch ist auch als E-Book erhältlich.

Druck und Bindung: Books on Demand GmbH, Norderstedt Germany
Gedruckt auf säurefreiem Papier aus verantwortungsvollen Quellen

Das vorliegende Werk wurde sorgfältig erarbeitet. Dennoch übernehmen Autoren und Verlag für die Richtigkeit von Angaben, Hinweisen, Links und Ratschlägen sowie eventuelle Druckfehler keine Haftung.

Das Buch bei GRIN: https://www.grin.com/document/1060094

Deutsche Hochschule für

Prävention und Gesundheitsmanagement

Hermann Neuberger Sportschule 3

66123 Saarbrücken

Einsendeaufgabe

Fachmodul: Trainingslehre II

Studiengang: Sportökonomie

Datum
Präsenzphase: 15.07.2019 – 17.07.2019

Name, Vorname: Schwierz, Jannis

Studienort: Stuttgart

Semester: SS 2018

Inhaltsverzeichnis

1 Diagnose

1.1 Allgemeine und biometrische Daten

Tab. 1: Allgemeine Daten der Zielperson (eigene Darstellung)

Alter	45
Geschlecht	Männlich
Körpergröße	182 cm
Körpergewicht	90kg
Trainingsmotive	Gewichtsreduktion, Senkung des KFA, Senkung des Ruhepulses, Stressabbau
Berufliche Tätigkeit	Busfahrer
Sportliche Aktivitäten	Bisher: 1x wöchentliches moderates Joggen, 45 min, Hf von 45-50%, als „Ausgleich" gedacht
Zeitlicher Verfügungsrahmen	3x pro Woche á 60 min

Tab. 2: Gesundheitliche Daten der Zielperson im Vergleich zu Normwerten (eigene Darstellung)

Parameter	Wert der Zielperson	Normwert
Blutdruck	134/86	120/80
Ruhepuls	98 S/min	Bis zu 90 S/min
BMI	27.2	Für Normalgewicht: 18.5 bis 24.9
Körperfettanteil	28%	<25%

Der Gesundheitszustand der Zielperson ist gut, sie nimmt keine Tabletten o. ä. ein und ist keinerlei gesundheitlichen Einschränkungen oder Verletzungen ausgesetzt.

1.2 Leistungsdiagnostik/Ausdauertestung

Als Ausdauertest wird der Hollmann-Venrath-Test verwendet. Dieser submaximale Test eignet sich optimal für die Zielperson, da sie bisher schon moderates Ausdauertraining ausgeführt hat und somit durchschnittlich trainiert ist. Der WHO-Test ist ungeeignet, da er die Zielperson lange unterfordern würde und der Test somit viel zu lang andauern müsste. Im Gegensatz hierzu ist die Zielperson in ihrer aktuellen körperlichen Verfassung keineswegs für einen Vita-Maxima-Test geeignet. Hier ist die Intensität viel zu hoch, außerdem ist die Zielperson noch nie regelmäßig Fahrrad gefahren. Des Weiteren ist die Zielperson in der Lage, eine Belastung von über 150 Watt auszuhalten, da sie gesundheitlich fit ist und, wie oben genannt, bereits ihre Ausdauer trainiert hat.

Die maximale Herzfrequenz der Zielperson nach IPN ist $200 - 45 = 155$ Schläge pro Minute (Kindermann 1987).

Tab. 3: Ausgangsparamter Hollmann-Venrath Test (eigene Darstellung)

Testform	Eingangs-belastung	Stufen-dauer	Belastungs-steigerung	Trittfre-quenz	Pulsober-grenze
H&V-Test submaximal	30 Watt	3 min	40 Watt	60-80 U/min	155 S/min

Tab. 4: Testergebnisse des Hollmann-Venrath Tests (eigene Darstellung)

min	Watt	Herzfrequenz
0	30	111
3	70	119
6	110	133
9	150	151
12	190	Pulsobergrenze überschritten

Da der H&V-Test zeitinterpoliert bewertet wird, ist die Wattzahl der letzten geschafften Stufe zur Bewertung relevant, also 150 Watt. Bei einem Körpergewicht von 90kg befindet sich die Zielperson nach den IPN-Normwerten bei einem Watt/kg-Wert von 1.67, ist also im durchschnittlichen Bereich mit Tendenz zu unterdurchschnittlichen Werten.

Alter / Intensität	< 30	30-34	35-39	40-44	45-49	50-54	55-59	> 60	Bewertung
0,50	1,45	1,38	1,31	1,23	1,16	1,09	1,02	0,94	☺☺
0,51	1,50	1,43	1,35	1,28	1,20	1,13	1,05	0,98	☺☺
0,52	1,55	1,47	1,40	1,32	1,24	1,16	1,09	1,01	☺☺
0,53	1,60	1,52	1,44	1,36	1,28	1,20	1,12	1,04	☺☺
0,54	1,65	1,57	1,49	1,40	1,32	1,24	1,16	1,07	☺☺
0,55	1,70	1,62	1,53	1,45	1,36	1,28	1,19	1,11	☺
0,56	1,75	1,66	1,58	1,49	1,40	1,31	1,23	1,14	☺
0,57	1,80	1,71	1,62	1,53	1,44	1,35	1,26	1,17	☺
0,58	1,85	1,76	1,67	1,57	1,48	1,39	1,30	1,20	☺
0,59	1,90	1,81	1,71	1,62	1,52	1,43	1,33	1,24	☺
0,6	2,00	1,90	1,80	1,70	1,60	1,50	1,40	1,30	∅
0,61	2,20	2,09	1,98	1,87	1,76	1,65	1,54	1,43	∅
0,62	2,40	2,28	2,16	2,04	1,92	1,80	1,68	1,56	∅
0,63	2,60	2,47	2,34	2,21	2,08	1,95	1,82	1,69	☹
0,64	2,80	2,66	2,52	2,38	2,24	2,10	1,96	1,82	☹

Abb. 1: Auszug aus der Normwerttabelle für submaximale Radergometertests, modifiziert nach IPN, 2004 (eigene Darstellung)

In der Abbildung 1 sind die Normwerte für den durchgeführten Test aufgeführt. Der Bereich, in dem sich das Testergebnis der Zielperson befindet, ist rot markiert. Hier wird deutlich, dass die Zielperson mit einer relativen Watt-Soll-Leistung von 1.67 Watt/kg im unteren durchschnittlichen Bereich liegt, ist also auf einer ähnlichen Stufe wie Personen des gleichen Geschlechts, Alters und Leistungszustandes.

1.3 Gesundheits- und Leistungsstatus der Person

Die Zielperson hat bisher regelmäßig moderates Ausdauertraining getrieben und liegt damit gerade noch im durchschnittlichen Bereich der IPN-Normwerte. Sie ist vollkommen verletzungsfrei, allerdings müssen Blutdruck, Ruhepuls und Körpergewicht gesenkt werden, um evtl. später auftretenden Krankheiten vorzubeugen. Mit 45 Jahren, dem körperlichen Leistungszustand und den Ergebnissen des Hollmann-Venrath-Tests kann die Zielperson im Rahmen eines Einsteigertrainings voll belastet werden.   Auch der etwas zu hohe Blutdruck schränkt die Sportausübung nicht ein. Abhängig von der Intensität können alle Trainingsmethoden und -geräte für das Ausdauertraining verwendet werden.

2 Zielsetzung/Prognose

Erstes Ziel der Trainingsplanung ist die Gewichtsreduktion mit Fokus auf die Verringerung des Körperfetts. Die Zielperson möchte mittelfristig auf einen BMI von maximal 24.9 kommen, um sich im Bereich des Normalgewichts zu befinden. Momentan beträgt der BMI der Zielperson 27.2 bei einem Körpergewicht von 90 kg und einer Größe von 182 cm. Um auf einen BMI von unter 24.9 zu kommen, muss die Zielperson 8 kg abnehmen. Ein realistischer Wert zur Senkung des Körperfetts bei kontinuierlichem und effektivem Training sind bis zu 500g Körperfett pro Woche. Dementsprechend wird das erste Ziel folgendermaßen definiert: in 16 Wochen soll die Zielperson 8 kg Körperfett verlieren, um das Gewicht von 90 auf 82 kg zu senken. Der BMI betrüge dann 24.9, also Normalgewicht. Außerdem verringert sich hierdurch der Körperfettanteil drastisch.

Zweites Ziel ist die Senkung des Ruhepulses. Dieser soll von zurzeit 98 Schlägen/min in den Normalbereich von höchstens 90 Schlägen/min reduziert werden. Auch hier bietet sich eine Zeitangabe von rund 16 Wochen an, da die Herzfrequenz um etwa einen halben Schlag pro Woche gesenkt werden kann, also um 8 Schläge in 16 Wochen.

Drittes relevantes Ziel für den Trainierenden ist die Senkung des Blutdrucks. Dieser muss von momentan 134/86 auf 120/80 mmHg gesenkt werden. Für die Umsetzung dieses Ziels wird ein Zeitraum von höchstens 12 Wochen angesetzt. In einer Studie aus dem Jahr 1999 wurde analysiert, dass Männer mit Bluthochdruck im Alter von 30 bis 49 Jahren durch eine Kombination aus 30-40 min aerobem Ausdauertraining (50% VO²max) und 10-20 min Kraft-/Konditionstraining bei zwei Einheiten pro Woche ihren systolischen Blutdruckwert in 8 Wochen um bis zu 15 mmHg senken konnten (Ishikawa et al. 1999).

3 Trainingsplanung Mesozyklus

3.1 Grobplanung Mesozyklus

Tab. 5: grobe Trainingsplanung Mesozyklus (eigene Darstellung)

Dauer	6 Wochen
Zielsetzung	Aufbau und Stabilisierung der GA1, Fettstoffwechseltraining
Gesamttrainingsumfang pro Woche	2-4h
Trainingsmethode(n)	Extensive DM, variable DM, REKOM
Intensität (% der Hf Reserve)	-Ext. DM: 60-75%, also 144-156 S/min -Int. DM: 45-80%, also 132–160 S/min

Häufigkeit/Woche	3x
Dauer pro TE	45-75 min
Trainingsgeräte	Laufband, Crosstrainer

3.2 Detailplanung Mesozyklus

Tab. 6: Detailplanung Mesozyklus Woche 1 (eigene Darstellung)

Trainingstag	Montag	Mittwoch	Freitag
Trainingsziel(e)	GA1, Fettstoffwechseltraining	GA1, Fettstoffwechseltraining	GA1, Fettstoffwechseltraining
Trainingsmethode	Ext. DM	Ext. DM	Ext.DM
Intensität (% der Hf Reserve)	60-65%	60-65%	60-65%
Herzfrequenz	144 – 148 S/min	144 – 148 S/min	144 – 148 S/min
Dauer	45 min	45 min	45 min
Trainingsgerät(e)	Laufband	Crosstrainer	Laufband

Tab. 7: Detailplanung Mesozyklus Woche 2 (eigene Darstellung)

Trainingstag	Montag	Mittwoch	Freitag
Trainingsziel(e)	GA1, Fettstoffwechseltraining	GA1, Fettstoffwechseltraining	GA1, Fettstoffwechseltraining
Trainingsmethode	Ext. DM	Var. DM	Var. DM
Intensität (% der Hf Reserve)	60-65%	Ext.: 45-55% Int.: 55-65%	Ext.: 45-55% Int.: 55-65%
Herzfrequenz	144 – 148 S/min	Ext.: 132-140 Int.: 140-148 S/min	Ext.: 132-140 Int.: 140-148 S/min
Dauer	45 min	Ext.: 35 min Int.: 20 min	Ext.: 35 min Int.: 20 min
Trainingsgerät(e)	Laufband	Crosstrainer	Laufband

Tab. 8: Detailplanung Mesozyklus Woche 3 (eigene Darstellung)

Trainingstag	Montag	Mittwoch	Freitag
Trainingsziel(e)	GA1, Fettstoffwechseltraining	GA1, Fettstoffwechseltraining	GA1, Fettstoffwechseltraining
Trainingsmethode	Ext. DM	Var. DM	Ext. DM
Intensität (% der Hf Reserve)	60-65%	Ext.: 45-55% Int.: 55-65%	60-65%
Herzfrequenz	144 – 148 S/min	Ext.: 132-140 Int.: 140-148 S/min	144 – 148 S/min
Dauer	55 min	Ext.: 35 min Int.: 25 min	60 min
Trainingsgerät(e)	Crosstrainer	Laufband	Crosstrainer

Tab. 9: Detailplanung Mesozyklus Woche 4 (eigene Darstellung)

Trainingstag	Montag	Mittwoch	Freitag
Trainingsziel(e)	GA1, Fettstoffwechseltraining	GA1, Fettstoffwechseltraining	REKOM
Trainingsmethode	Ext. DM	Var. DM	Ext. DM
Intensität (% der Hf Reserve)	65-70%	Ext.: 45-60% Int.: 60-75%	50-60%
Herzfrequenz	148 – 152 S/min	Ext.: 132-144 Int.: 144-156 S/min	137 – 144 S/min
Dauer	60 min	Ext.: 45 min Int.: 20 min	25 min
Trainingsgerät(e)	Laufband	Crosstrainer	Laufband

Tab. 10: Detailplanung Mesozyklus Woche 5 (eigene Darstellung)

Trainingstag	Montag	Mittwoch	Freitag
Trainingsziel(e)	GA1, Fettstoffwechseltraining		REKOM
Trainingsmethode	Var. DM	Ext. DM	Ext. DM

Intensität (% der Hf Reserve)	Ext.: 45-60% Int.: 60-75%	70-75%	50-60%
Herzfrequenz	Ext.: 132-144 Int.: 144-156 S/min	152 – 156 S/min	137 – 144 S/min
Dauer	Ext.: 45 min Int.: 25 min	70 min	25 min
Trainingsgerät(e)	Crosstrainer	Laufband	Crosstrainer

Tab. 11: Detailplanung Mesozyklus Woche 6 (eigene Darstellung)

Trainingstag	Montag	Mittwoch	Freitag
Trainingsziel(e)	GA1, Fettstoff-wechseltraining	GA1, Fettstoff-wechseltraining	REKOM
Trainingsmethode	Var. DM	Ext. DM	Ext. DM
Intensität (% der Hf Reserve)	Ext.: 50-65% Int.: 65-80%	70-75%	50-60%
Herzfrequenz	Ext.: 137-148 Int.: 148-160 S/min	152 – 156 S/min	137 – 144 S/min
Dauer	Ext.: 40 min Int.: 30 min	75 min	30 min
Trainingsgerät(e)	Laufband	Crosstrainer	Laufband

3.3 Begründung zum Mesozyklus

3.3.1 Begründung zum angestrebten wöchentlichen Belastungsumfang

Nach dem Prinzip der Dauerhaftigkeit und Kontinuität des Trainings empfiehlt es sich für die Zielperson, 3x pro Woche Ausdauertraining durchzuführen. Außerdem empfiehlt sich eine Trainingsdauer von über 45 min pro Einheit, um optimale Ergebnisse im Rahmen des GA1-Trainings zu erreichen (Neumann et al. 2000). Hieraus ergibt sich der wöchent-liche Gesamttrainingsumfang von 2-4h. Dieser steigt während des Mesozyklus´ mit dem sich verbessernden Leistungszustand der Zielperson von 2,25h auf 3,75h pro Woche.

3.3.2 Begründung zu den ausgewählten Trainingsmethoden und -bereichen

Die Zielperson hat zwar schon leichtes Ausdauertraining gemacht, hierbei kann man aber nicht von Grundlagenausdauertraining sprechen (Hf von 45-50%, 1x/Woche). Dementsprechend muss gerade im ersten Mesozyklus die Trainingsplanung auf die GA1 fokussiert werden, um darauf aufbauend das Training in den nächsten Mesozyklen fortzuführen. Die extensive Dauermethode ist die geeignete Methode, um die Grundlagenausdauer effektiv zu trainieren. Hierbei soll die allgemeine, aerobe Ausdauerfähigkeit verbessert werden (Hollmann und Strüder 2009). Energie wird bei der extensiven Dauermethode aus der Verbrennung von Fett und Kohlenhydraten gewonnen, was im Sinne der Zielsetzung für die Zielperson ist: die Senkung von Körpergewicht sowie Körperfettanteil. Außerdem wird durch GA1-Training die Kapillarisierung der Muskulatur, also die Blutversorgung der einzelnen Muskeln, gefördert und somit auch die Sauerstoffversorgung im Organismus verbessert (Weineck 2010). Weiterer Vorteil der extensiven Dauermethode ist, dass sich die Kreatinphosphatspeicher durch kontinuierliches Training schneller füllen und somit eine schnellere Erholung zwischen einzelnen Belastungen gewährleisten (McMahon und Jenkins 2002). Des Weiteren ökonomisiert sich die Herz-Kreislaufarbeit durch Ausdauertraining in der extensiven Dauermethode, was dem gewünschten Stressabbau der Zielperson entgegenkommt (Bernett und Gossner 1991). Um darüber hinausgehend auf das GA2-Training vorzubereiten, wird die variable Dauermethode in verschiedenen Intensitäten verwendet. Mit einem Wechsel zwischen extensiver und intensiver Dauermethode wird die Intensität gezielt verändert, um die Zielperson andere Belastungsstufen zu gewöhnen. Außerdem bringt auch die variable Dauermethode diverse Anpassungseffekte mit sich, relevant für die Zielperson ist hier vor allem die Erweiterung der anaeroben und aeroben Kapazität sowie die Anhebung der individuellen anaeroben Schwelle (Simon 2016, S. 161). Diese Anpassungen sind essentiell für die weiterführende Trainingsplanung der Zielperson.

Ab einer Herzfrequenz von bis zu 75% (Schwelle zum GA2-Training) in der variablen und extensiven DM wird ein REKOM-Training als dritte Einheit hinzugefügt. Bei niedrigeren Belastungen ist kein REKOM-Training notwendig. Somit besteht ein Belastungsverhältnis von 2:1, beim REKOM werden die Intensität und die Dauer gegenüber den anderen beiden Einheiten wieder gesenkt. Hintergrund ist, dass durch die dritte Einheit die Regenerationsfähigkeit des Körpers gefördert werden soll und die Zielperson in den nachfolgenden intensiven Einheiten belastbarer wird als zuvor (Neumann et al. 2000). Im Regenerationstraining befindet die Zielperson sich im aeroben Stoffwechselbereich.

3.3.3 Begründung zur Belastungsprogression

Die Belastungsprogression wurde nach dem Prinzip „Häufigkeit vor Umfang vor Intensität" gewählt. Die Häufigkeit kann hierbei nicht erhöht werden, da die Zielperson maximal 3x pro Woche Zeit für das Training hat. Dementsprechend wurden kontinuierlich der Umfang und davon abhängig die Intensität gesteigert, sodass am Ende des Mesozyklus mit der höchstmöglichen Intensität der extensiven und variablen Dauermethode im GA1-Bereich trainiert wurde. Somit wurde in kleinen Schritten die Belastung für die Zielperson kontinuierlich gesteigert, um das Leistungslevel zu erhöhen. Durch das Einhalten dieses Prinzips erhöht sich unter anderem die maximale Sauerstoffaufnahme VO²max und die allgemeine Fitness, besonders relevant für die Zielperson ist allerdings die Feststellung, dass durch die gewählte Belastungsprogression deutlich mehr Fett verbrannt werden kann als durch andere Belastungssteigerungen (Wasfy und Baggish 2016).

Auch andere Studien belegen, dass durch das „Cardio Exercise Dose"-Prinzip das Körpergewicht, der BMI, der Hüft- und Taillenumfang, der KFA, der systolische Blutdruckwert sowie der Ruhepuls signifikant gesenkt werden konnten (Miller et al. 2014).

3.3.4 Begründung der ausgewählten Ausdauergeräte bzw. Bewegungsformen

Die Auswahl der Ausdauergeräte, auf denen das Training durchgeführt wird, hat verschiedene Hintergründe. Der simpelste Grund für die Auswahl von Fahrrad und Crosstrainer ist, die Zielperson aus seinem sitzenden Alltag herauszuholen. Durch den Beruf als Busfahrer ist sie hauptsächlich sitzend beschäftigt. Um dem entgegenzuwirken, ist es sinnvoll, die Zielperson in aufrechter Haltung trainieren zu lassen, also nicht auf dem Fahrrad oder Ruderergometer. Außerdem ist die Zielperson mit Training in Form von Jogging vertraut, da sie es bereits viele Jahre durchgeführt hat.

Darüber hinaus ist es in Hinblick auf die angestrebte Fettverbrennung sinnvoll, Ausdauertraining in Form von Ganzkörperübungen durchzuführen. Beim Joggen auf dem Laufband wird bis zu 80% der gesamten Muskulatur beansprucht, deutlich mehr als bspw. auf dem Fahrrad. Somit ist der cardiopulmonale Trainingseffekt beim Training auf dem Laufband viel größer als auf dem Fahrrad. Zur Fettverbrennung empfiehlt sich Walken oder Joggen mit einer Herzfrequenz von 50-65% der VO²max (Jeukendrup 2005).

Außerdem stellt das Laufband für die Zielperson keinerlei Herausforderungen dar. Die Zielperson hat durch ihre Vorerfahrung die koordinativen Anforderungen allemal erfüllt, um auf dem Laufband zu trainieren. Auch der Bewegungsapparat (v.a. Sprung-

und Kniegelenke) der Zielperson kann voll belastet werden. Auf dem Laufband arbeitet während der dynamischen Bewegung ein großer Anteil der Skelettmuskulatur, was wiederum die vom Herz zu verrichtende Volumenarbeit vergrößert und den bereits angesprochen cardiopulmonalen Effekt verstärkt. Dadurch ist der Energieumsatz und damit verbunden der Kalorienverbrauch beim Joggen auf dem Laufband höher als bei allen anderen üblichen Ausdauergeräten. Außerdem kann, gerade für die variable Dauermethode, die Belastung individuell dosiert und angepasst werden, indem man bspw. die Geschwindigkeit oder die Steigung verändert, um so die Intensität und die Herzfrequenz während des Trainings zu erhöhen oder zu verringern. Diverse Studien belegen die Effizienz von Jogging in Bezug auf Verringerung von Körpermasse, Körperfett, Ruhepuls etc. (Hespanhol Junior et al. 2015).

4 Literaturrecherche

4.1 Effekte des Ausdauertrainings bei arterieller Hypertonie

Tab. 12: Studie Exercise training for blood pressure: a systematic review and meta-analysis, Cornelissen, V.; Smart, N. (eigene Darstellung)

Wer hat die Studien durchgeführt?	Veronique A. Cornelissen, Neil A. Smart
Jahr der Publikation	2013
Forschungsfrage	Die Effekte von Ausdauertraining und Ausdauertraining in Kombination mit Krafttraining auf den Blutdruck von Erwachsenen
Welche Versuchspersonen?	Insgesamt 5223 erwachsene Männer und Frauen, davon 3401 Trainierende
Versuchsaufbau	Die Teilnehmer wurden in Gruppen eingeteilt, jeder Gruppe wurde eine Form von Training zugewiesen. Leider wurde nicht

	angegeben, wie viele Personen sich in einer Gruppe befinden. Dem Ausdauertraining wurden 105 Gruppen zugewiesen. Der Blutdruck aller Teilnehmer wurde im Voraus gemessen. In einem Zeitraum von 4-52 Wochen, Häufigkeiten von 1-7x Training pro Woche und einer Intensität von 35-95% der VO²max wurde ein dynamisches aerobes Ausdauertraining durchgeführt (leider keine Ausdauergeräte angegeben). Im Nachhinein wurden die Daten ausgewertet.
Ergebnisse und Schlussfolgerungen	Von den 105 Gruppen waren in 26 Gruppen Teilnehmer mit arterieller Hypertonie. Der systolische Wert der Teilnehmer sank im Schnitt um 8.3 mmHg (zwischen -10.7 und -6.0). Der diastolische Wert sank im Schnitt um 5.2 mmHg (zwischen -6.9 und -3.4). Durch das dynamische aerobe Ausdauertraining wurden die höchsten Reduzierungen des Blutdrucks bei männlichen Teilnehmern sowie Teilnehmern mit arterieller Hypertonie festgestellt.

Tab. 13: Studie How much exercise is required to reduce blood pressure in essential hypertensives: a dose–response study, Ishikawa-Takata, K. et al. (eigene Darstellung)

Wer hat die Studien durchgeführt?	Ishikawa-Takata, K., Ohta T., Tanaka H.
Jahr der Publikation	2003
Forschungsfrage	Wieviel Ausdauertraining ist nötig, um den Blutdruck zu senken?
Welche Versuchspersonen?	1425 Teilnehmer, davon 450 mit Bluthochdruck

Versuchsaufbau	Die Teilnehmer wurden in 5 Gruppen aufgeteilt, eine Kontrollgruppe und 4 Gruppen mit wöchentlichen Trainingszeiten von je 30-60 min, 61-90 min- 91-120 min und über 120 min. Jedes Training beinhaltete ein kurzes Aufwärmen, Ausdauertraining in Form von Walken, Joggen, Fahrradfahren oder Schwimmen und Konditionsübungen wie Sit-Ups. Die Intensität wurde auf 50% der VO²max festgelegt. Die Gesamtdauer der Trainingszeit während der Studie betrug 8 Wochen.
Ergebnisse und Schlussfolgerungen	Bei der Kontrollgruppe wurde keine Veränderung des Blutdrucks festgestellt. Bei allen trainierenden Teilnehmern wurde eine Verringerung des systolischen und diastolischen Werts festgestellt. Die Verringerung bei der Gruppe, die 61-90 min wöchentlich trainiert hat, war deutlicher als die der Probanden, die 30-60 min trainiert hatten. Die Unterschiede in der Verringerung zwischen Probanden, die 61-90 min wöchentlich trainiert hatten und Probanden, die mehr als 90 min wöchentlich trainiert hatten, waren nicht signifikant. Der systolische Wert verringerte sich fast immer deutlicher als der diastolische Wert. Bei einer Trainingszeit von 30-60 min verringerte sich der systolische Wert bei über 5 Einheiten pro Woche um zwischen 10 und 15 mmHg, der diastolische Wert verringerte sich bei 3-4 Einheiten um knapp 10mmHg. Bei einer Trainingszeit von 61-90 min in 3-4 Einheiten wöchentlich konnte der systolische Wert um knapp

15 mmHg gesenkt werden. Ähnliche Ergebnisse ergaben die Auswertungen derer, die über 90 min trainiert hatten.

5 Abbildungs- und Tabellenverzeichnis

5.1 Abbildungsverzeichnis

5.2 Tabellenverzeichnis

6 Literaturverzeichnis

Bernett, Paul; Gossner, Eugen (Hg.) (1991): Sport und Medizin, Pro und Contra. Deutscher Sportärztekongress; Deutscher Sportärztekongreß. München: Zuckschwerdt.

Hespanhol Junior, Luiz Carlos; Pillay, Julian David; van Mechelen, Willem; Verhagen, Evert (2015): Meta-Analyses of the Effects of Habitual Running on Indices of Health in Physically Inactive Adults. In: *Sports medicine (Auckland, N.Z.)* 45 (10), S. 1455–1468. DOI: 10.1007/s40279-015-0359-y.

Hollmann, Wildor; Strüder, Heiko K. (2009): Sportmedizin. Grundlagen für körperliche Aktivität, Training und Präventivmedizin. 5. Aufl. s.l.: Schattauer GmbH Verlag für Medizin und Naturwissenschaften (Orthopädie, Sportmedizin). Online verfügbar unter http://www.content-select.com/index.php?id=bib_view&ean=9783794580347.

Ishikawa, Kazuko; Ohta, Toshiki; Zhang, Jianguo; Hashimoto, Shuji; Tanaka, Hirofumi (1999): Influence of age and gender on exercise training-induced blood pressure reduction in systemic hypertension. In: *The American Journal of Cardiology* 84 (2), S. 192–196. DOI: 10.1016/S0002-9149(99)00233-7.

Jeukendrup, A. E. (2005): Fettverbrennung und körperliche Aktivität. In: *Deutsche Zeitschrift für Sportmedizin* 56 (9), S. 337–338. Online verfügbar unter https://www.germanjournalsportsmedicine.com/fileadmin/content/archiv2005/heft09/Standarts1.pdf, zuletzt geprüft am 01.08.2019.

Kindermann, W. (1987): Ergometrie-Empfehlungen fuer die ärztliche Praxis. In: *Deutsche Zeitschrift für Sportmedizin* (38 (6)), S. 244–268.

McMahon, Shaun; Jenkins, David (2002): Factors affecting the rate of phosphocreatine resynthesis following intense exercise. In: *Sports medicine (Auckland, N.Z.)* 32 (12), S. 761–784. DOI: 10.2165/00007256-200232120-00002.

Miller, Fred L.; O'Connor, Daniel P.; Herring, Matthew P.; Sailors, Mary H.; Jackson, Andrew S.; Dishman, Rodney K.; Bray, Molly S. (2014): Exercise dose, exercise adherence, and associated health outcomes in the TIGER study. In: *Medicine and science in sports and exercise* 46 (1), S. 69–75. DOI: 10.1249/MSS.0b013e3182a038b9.

Neumann, Georg; Pfützner, Arndt; Hottenrott, Kuno (2000): Alles unter Kontrolle. Ausdauertraining. 6., überarb. Neuaufl. Aachen: Meyer & Meyer.

Simon, Andreas (2016): Maximaler Muskelaufbau & Maximale Kraftsteigerung ohne Anabolica! 1. Auflage. Norderstedt: Books on Demand.

Wasfy, Meagan; Baggish, Aaron L. (2016): Exercise Dose in Clinical Practice. In: *Circulation* 133 (23), S. 2297–2313. DOI: 10.1161/CIRCULATIONAHA.116.018093.

Weineck, Jürgen (2010): Sportbiologie. 10., überarbeitete und erweiterte Auflage. Balingen: Spitta.